LECTURE GRADUÉE.

PREMIÈRE PARTIE.

ORTHOGRAPHE RÉGULIÈRE.

Corbeil, imprimerie de CRÉTÉ.

LECTURE GRADUÉE

OUVRAGE

DANS LEQUEL LES DIFFICULTÉS DE LA LECTURE SONT SIMPLIFIÉES
ET PRÉSENTÉES GRADUELLEMENT.

DÉDIÉ AUX MÈRES,

PAR A. BONIFACE, INSTITUTEUR.

PREMIÈRE PARTIE.

ORTHOGRAPHE RÉGULIÈRE.

QUATRIÈME ÉDITION.

J'aime l'enfance, et je veux vivre avec elle et pour elle

Paris,

JULES RENOUARD ET Cie, LIBRAIRES,

RUE DE TOURNON, N° 6.

1845

INTRODUCTION.

Si, en français, comme en italien, la langue écrite était l'image fidèle de la langue parlée ; si tous les mots s'écrivaient comme ils se prononcent, la lecture, ainsi que l'orthographe, ne présenteraient que peu de difficultés ; mais nous sommes si loin de cette perfection, il y a dans notre orthographe tant de bizarreries et de contradictions, du moins apparentes, et l'on prend généralement si peu de peine pour aplanir ces difficultés, que la lecture est un véritable supplice pour les enfans, et tend plus à détruire leur intelligence qu'à la développer.

C'est ce qui m'a engagé à suivre la méthode proposée par feu Urbain Domergue, mon maître, et appliquée avec beaucoup de succès dans les écoles du département de l'Oise, pendant la préfecture de M. Belderbuch, à qui ce département doit de grandes améliorations dans l'instruction élémentaire.

Cette méthode, que j'ai considérablement modifiée, consiste à diviser les difficultés, à les présenter graduellement.

Les méthodes ordinaires sont graduées, mais bien

rarement d'une manière convenable, et dans aucune on n'a senti la véritable difficulté de la première lecture : après le tableau des voyelles et des consonnes, on passe aux syllabes, dont la combinaison n'est pas toujours convenablement variée ; de là aux monosyllabes, aux dissyllabes, etc., et enfin à des phrases qui présentent presque à chaque mot des difficultés imprévues. On a cru généralement que la principale était dans le nombre des syllabes ; mais c'est une erreur, car les mots *sévérité, infidélité, inviolabilité,* etc., sont moins difficiles à lire que *pays*, *faim*, *science*, *hareng*, *nœud*, *airain*, *femme,* etc., qui présentent plus ou moins d'irrégularités.

Il fallait donc séparer les mots qui, tels que *sévérité, fidèle,* etc., s'écrivent comme ils se prononcent et que j'appelle *réguliers,* de ceux qui, comme *femme, hareng,* etc., sont irréguliers.

D'où cet ouvrage a deux parties, l'une pour l'orthographe régulière, et l'autre pour l'orthographe irrégulière.

Nous avons beaucoup de ces premiers mots qu'on peut lire et même écrire sous la dictée, dès que l'on connaît les parties dont ils se composent, et qui sont les véritables élémens du langage écrit. La lecture des mots irréguliers deviendra d'autant plus facile à l'élève, que, par l'usage, il en connaît déjà la prononciation, et qu'il est familiarisé avec les premières difficultés de la lecture.

Cette division de l'orthographe et de la lecture en

partie régulière et en partie irrégulière me paraît être la plus naturelle, et celle qui présente à l'élève le moins de difficultés et de dégoût. Tel est le caractère distinctif de la méthode que je suis, et qu'on doit à Urbain Domergue. Voici les améliorations que l'expérience m'a fait juger nécessaires.

1° Les caractères, d'abord très gros, diminuent sensiblement.

2° Je n'arrête pas longtemps l'élève sur les tableaux des syllabes, qui ne présentent rien à son esprit, et dont la lecture l'ennuie : dès qu'un certain nombre de ces syllabes lui est bien connu, je lui donne des mots qui en sont composés, et dont le sens ne lui est pas étranger; de ces mots je passe à de petites phrases, qu'il lit avec la même facilité.

3° J'ai eu soin de varier la combinaison des lettres dans les syllabes, de manière à y présenter tous les cas qui peuvent embarrasser l'élève.

4° Dans l'ordre des leçons, j'ai suivi la division des mots en monosyllabes, dissyllabes, trissyllabes, etc., comme on le fait assez ordinairement; et, dans les leçons sur les polysyllabes, je présente d'abord le mot divisé en syllabes par des tirets, puis sans aucun signe de division.

5° Les leçons sont suivies d'exercices de récapitulation, auxquels on doit avoir souvent recours pour fortifier l'enfant dans ce qu'il sait.

6° Le plus qu'il m'a été possible, j'ai multiplié les phrases, et j'ai rejeté celles qui m'ont paru au-dessus de l'intelligence de l'enfant; telles sont les suivantes, qui se trouvent dans le traité de lecture de M. Domergue :

« L'école de l'infortune éprouve l'âme. — L'opi- « nion règne sur le monde. —Libre de toute vanité, « le juste préfère l'intégrité d'une âme pure à la lueur « frivole de la fortune. »

7° Comme chaque mode d'épellation * a ses avantages, ainsi que ses inconvéniens, et que mon but est de me rendre utile le plus généralement possible, je laisse les instituteurs et les parens libres de suivre l'épellation qu'ils jugeront la plus convenable.

On trouvera, dans la première partie même, quelques exercices supplémentaires, pour l'ancienne épellation, qui est encore la plus usitée.

8° La première partie est terminée par un tableau des majuscules, des lettres italiques et des lettres de l'écriture ; j'ai fait suivre ce tableau de quelques historiettes composées avec ces caractères.

9° Quant à la seconde partie, qui traite des mots irréguliers, je n'ai point cru devoir suivre exactement la marche indiquée par Domergue, et qui consiste à faire lire seulement une suite de mots soumis à la même irrégularité.

Après l'exposé de chaque irrégularité, je donne

* Il y a deux modes d'épellation, l'ancien, qui consiste à donner aux consonnes les noms de *bé, cé, dé, ef*, etc., et le nouveau, qui les fait suivre seulement d'un *e* muet, comme *be, que, de fe*, etc. Par l'ancien mode, chaque lettre est nommée, *c, h, a, cha ; p, e, a, u, peau, chapeau*. Par le nouveau, ce mot est ainsi épelé : ch^e a, *cha*, p^e eau (ô), *peau, chapeau*, ce qui est incontestablement plus raisonnable.

quelques mots qui s'y rapportent; puis je les fais entrer, ainsi que d'autres, soit dans des phrases, soit dans de courtes narrations. En raison des difficultés que j'avais à surmonter, j'espère qu'on me pardonnera quelques phrases forcées et peut-être mal sonnantes.

10° Ce second volume est terminé par des exercices de récapitulation, composés de fables, d'historiettes, de dialogues, de maximes pour l'enfance, etc., après la lecture desquels l'élève peut lire couramment dans un livre quelconque.

11° J'ai adopté, dans l'impression de cet ouvrage, différentes espèces de caractères, soit en romain, soit en italique, afin de préparer l'élève à lire dans toute espèce de livres, et même dans l'écriture, ce qui est ordinairement une nouvelle étude pour lui.

12° La plupart des morceaux de lecture sont accompagnés d'une jolie gravure sur bois.

Je crois devoir rapporter ici le passage suivant de madame Guizot, dans ses Annales de l'éducation : il est rempli de sens, et convient surtout au sujet qui m'occupe constamment, le perfectionnement de l'instruction élémentaire.

« Toutes les méthodes pour apprendre à lire sont bonnes, en ce sens qu'il n'en est aucune par laquelle on ne parvienne tôt ou tard, bien ou mal, à faire lire l'enfant ; mais qu'elles soient toutes également bonnes, c'est ce que nul homme raisonnable ne saurait penser. Les meilleures sont évidemment celles qui fixent l'attention de l'enfant, sans le fatiguer, c'est-à-dire sans l'ennuyer, et qui se conforment le mieux à la marche naturelle que suivent dans leur développement son esprit et ses idées.

« Les enfans ont une logique et une volonté ; l'une est plus rigoureuse, et l'autre plus puissante qu'on ne pense : ils ont si peu d'expérience, qu'on fausse sans peine leur logique ; ils sont si faibles, qu'on enchaîne aisément leur volonté ; cela est facile, mais funeste : ce qui est utile et important, c'est de seconder, dans ce qu'on leur enseigne, la justesse naturelle de cet esprit avide de connaître, et de diriger vers ce qu'on veut lui faire faire, les premiers élans de cette volonté qui ne demande qu'à se déployer.

« On doit donc chercher, dans les méthodes d'enseignement, à faire de l'enfant un *être actif*, qui exerce sur ce qu'il apprend ses forces naissantes, et non un *être passif*, placé là pour recevoir ce que l'on veut confier à sa mémoire ou à sa pensée. Il a besoin d'agir : dès qu'il agit, son attention se fixe, et ce qu'il fait se grave dans sa jeune tête bien mieux que ce qu'il entend. Vous aurez de plus, en le faisant agir, l'avantage de voir de quelle manière il commence à penser ; vous étudierez l'enchaînement de ses idées, et vous en profiterez pour prendre garde à ne lui en donner aucune qui trouble les petites opérations de son esprit, toujours retardé par ce qui le dérange. »

Voilà la véritable philosophie de l'enseignement, celle qui fait la base de la méthode d'éducation de Pestalozzi, celle enfin que nous recommande Beauzée :

« Tout livre, dit-il, préparé pour l'instruction,

et surtout pour celle des enfans, doit être conçu et rédigé par la philosophie, non par cette philosophie sourcilleuse, qui méprise tout ce qui n'est pas surprenant, extraordinaire, sublime, et qui ne croit dignes de ses regards que les objets éloignés d'elle et placés peut-être hors de la sphère de sa vue ; mais par cette philosophie modeste et rare, qui s'occupe simplement des choses dont la connaissance est nécessaire, qui les examine avec discrétion, qui les discute avec profondeur, qui s'y attache par estime, et qui les estime à proportion de l'utilité dont elles peuvent être. »

Plein de reconnaissance pour l'accueil qu'on a fait aux premières éditions de ce Cours de lecture, et désirant le rendre digne de la faveur qu'on lui accorde, je le présente avec d'importantes améliorations.

Puissé-je, par cet ouvrage, épargner des pleurs aux enfans, de l'impatience aux instituteurs, et à tous, le dégoût qui en est infailliblement la suite !

A. BONIFACE.

OBSERVATIONS PRÉLIMINAIRES.

1° Les leçons de la première partie sont divisées de manière à pouvoir être détachées et collées sur des cartons, ce qui convient beaucoup mieux que la forme d'un livre, surtout dans le commencement ; mais dans ce cas, il faut avoir deux exemplaires de l'ouvrage, l'un pour le recto, et l'autre pour le verso.

2° J'ai cru devoir reporter à la fin les observations pour les parens et les instituteurs, afin de ne mettre sous les yeux de l'élève que ce qu'il doit lire.

3° Les leçons peuvent être épelées d'après l'ancienne méthode, comme d'après la nouvelle, pour laquelle elles sont rédigées, et qui, dans le commencement, présente beaucoup moins de difficultés. Elle consiste :

1° A prononcer les consonnes comme si elles étaient suivies d'un *e* muet très faible, ainsi qu'on les entend à la fin des mots suivans :

Jo*b*, sa*c*, Davi*d*, i*f*, zi*g*-za*g*, fi*l*, Se*m*, ame*n*, ca*p*, ca*r*, a*s*, ma*t*, ca*v*e, ga*z*, c'est-à-dire b[e], qu[e], d[e], etc.

2° A ne point séparer des combinaisons de lettres qui ne font entendre qu'un seul son, comme *an*, *in*, *on*, *un*, *ou*, *eu*, et à faire prononcer *oi* comme *oa*, sans épellation.

3° A prononcer *e* comme dans d*e*, *é* comme dans d*é*, et *è* comme dans d*è*s.

LECTURE GRADUÉE.

PREMIÈRE PARTIE.

ORTHOGRAPHE RÉGULIÈRE.

Les observations sur la marche à suivre sont rejetées à la fin des leçons suivantes; les leçons doivent être débarrassées de tout ce qui est étranger à l'élève, et qui, par conséquent, pourrait le distraire.

Première leçon.

a è é e i o u

---

i è e é a o u i é

è e o a i è u a e

i é o u e a é u i e

Deuxième leçon.

ou eu an in on un oi

---

eu an ou on un oi
in ou oi in an un
eu on oi eu ou an
un on in an in eu
ou on oi un

Troisième leçon.

RÉCAPITULATION.

è é an e eu on

oi un i ou è a

eu oi u a è on

an è ou é i in

eu é i o u e a

on i a in an oi

un a é e o eu

ou é a i u in

Quatrième leçon.

b p v f m

---

m p f v b m p v
m p b p f v p v m.

be, pe, ve, fe, me,
bon, ban, bu, bin, boi,
pon, pou, pin, peu, pan,
van, vou, va, vu, vin, voi,
fa, fi, fou, fon, foi, feu, fin,
ma, mè, mi, mou, mon, moi.

un bon feu, mon bon vin, un vin fin,
on va, un peu, un fou, ma foi.

Cinquième leçon.

z s d t

---

d t v z d z s t d s
z t d z m t v f z d.

ze, se, de, te,
sa, son, si, soi, sou, su,
dou, dan, din, don, du, dé,
ta, té, ton, toi, tou, tan, tu.

un sou, on m'a dû un sou, un peu, bou ton, mou ton, bou din, ma tin, bon don, ta pon, ma man, pa pa,
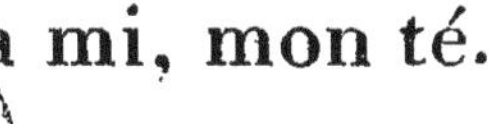
a mi, mon té.

Sixième leçon.

j ch l r n

---

ch r l n j l ch r ch
l j n l ch m v l j r.

je, che, le, re,
ne, ju, jou, jan, cha,
chan, chou, la, le, lin,
loi, ré, ru, roi, né, non, noi.

un bon jeu,
le bon chou, du lin fin,
un bon roi, che min, man chon,
cha pon, chan son, bou chon, la pin.

Septième leçon.

gn ill g c.

---

c gn g ill c gn g
ill g gn c gn g c.

gne, ille,

gou, gan, gon, cou.

mon cou, goû té,
cou ché, can ton, chi gnon,
bouïl lon, bou gon, é cu, ro gné,
o gnon, bou illi, gou lu, mou illé,
feu illée, ga zon, gou jon.

Huitième leçon.

RÉCAPITULATION.

a b c d e è é f g i j l m

n o p r s t u v z

ill gn ch

a è é e i o u

an in on un eu ou oi

Supplément pour l'ancienne épellation.

h, k, q, x, y,

y, k, h, x, h, k, t, x, y.

Neuvième leçon.

RÉCAPITULATION.

ba, bè, bé, be, bi, bo, bu;

ca « « « « co, cu;

da, dè, dé, de, di, do, du;

fa, fè, fé, fe, fi, fo, fu;

ga, « « « « go, gu;

ja, jè, jé, je, ji, jo, ju;

la, lè, lé, le, li, lo, lu;

ma, mè, mé, me, mi;

na, nè, né, ne, ni;

pa, pè, pé, pe, pi, po, pu;

ra, rè, ré, re, ri, ro, ru.

sa, sè, sé, se, si, so, su ;
ta, tè, té, te, ti, to, tu ;
va, vè, vé, ve, vi, vo, vu ;
za, zè, zé, ze, zi, zo, zu ;
cha, chè, ché, che, chi ;
gna, gnè, gné, gne, gni ;
illa, illè, illé, ille, illi.

Supplément pour l'ancienne épellation.

ca, ce, cè, cé, ci, co, cu ;
ga, ge, gè, gé, gi, go, gu ;
ha, he, hè, hé, hi, ho, hu ;
ka, ke, kè, ké, ki, ko, ku;
qua, que, qué, qui, quo ;
xa, xe, xè, xé, xi, xo, xu ;
ya, yé, yè, yi, yo, yu.

Dixième leçon.

RÉCAPITULATION.

bou, beu, bin, ban ;

cou, « can, « coi ;

dou, din, don, dun, deu ;

fou, feu, fon, fan, foi ;

gou, « gan, « goi ;

lou, leu, lon, lun, lin ;

man, min, mon, mun, moi ;

nou, neu, non, nun, noi ;

pou, peu, pan, pin, pon ;

rou, reu, ran, run, roi ;

sou, sin, son, sun, san ;

tou, teu, tan, tin, ton ;

van, vin, von, vun, voi ;

zou, zeu, zan, zin, zon.

Onzième leçon.

ab	sale	pare	mat
abe	ame	arte	ave
ac	dame	carte	cave
ad	ane	carde	ache
ade	pane	carpe	tache
rade	ap	arche	vache
af	ape	as	cache
afe	cap	vaste	aille
al	capé	at	paille
ale	ar	ate	maille
mal	are	fat	taille

Douzième leçon.

EXERCICE.

va à la cave, le mal se cache, la carte sale, on me tape, la dame se pare, la fleur se fane, la gaze se tache, la vache marche, la paille sale tache, un voile de gaze, une lame fine, une carpe vive.

Treizième leçon.

obe, robe, gobe;

ub, ube, tube, cube; ie, pie;

oc, roc, soc; uc, suc; ouc, bouc;

inc, zinc; ide, vide, ride;

ode, mode, code; ud, sud, rude;

oude, coude, soude;

onde, monde, ronde; inde, dinde;

if, vif; euf, neuf, veuf; oif, soif;

ig, zig-zag; il, fil, vil, mil;

ol, col, sol, fol; ile, pile, bile;

ole, sole; ul, nul;

oule, foule, moule, coule,

eule, meule; oil, poil; oile, voile.

Quatorzième leçon.

ime, rime, lime ; ume, fume;

ine, fine ; ène, pène ; une, lune ;

ipe, pipe ; upe, jupe ;

oupe, loupe, toupe, coupe ;

our, jour, cour ; eur, peur ;

or, cor ; ore, dore ; orme, forme;

orte, porte ; orne, corne ;

ourse, bourse ; oir, soir ;

ouze, douze ;

ouille, fouille, mouille ;

euille, feuille ; igne, ligne ;

ogne, cogne ; iche, chiche.

Quinzième leçon.

EXERCICE.

ma tante chante, la poule couve,
ta boule roule, la mouche vole,
la paille sèche, la cane boite,
le feu brille, la lame coupe,
la soupe fume, la vis tourne,
l'onde mouille.

ma bourse se vide, le lis se fane, la toile se sèche, le lin se file, la cour se mouille, la poche se fouille, la lime se rouille, le poil se coupe, le fat se mire.

on fume sa pipe, on lève un voile, je coupe le fil, je tourne la meule, il taille sa vigne, il vide sa cave.

Seizième leçon.

EXERCICE.

la lune ronde, la bile noire, la soupe fade, la taille fine, la paille sale, un four noir, ma robe neuve, une meule dure, du poil noir, une pipe lourde.

un voile de gaze, un sac de toile, une barbe de bouc, une jupe de gaze, la peur du mal, le soir du bal, le buste du roi, une pinte de vin.

Supplément pour l'ancienne épellation.

Ceci est hideux; un quiproquo; un gage; un gigot; un kiosque; un cierge; il fixa; noyé.

Dix-septième leçon.

EXERCICE.

on se couche sur la paille, il chante sur le soir, ma tante a un voile noir, va donc à la cave, ma boule roule toute seule, la dame se pare pour le bal, ma mère a une robe à la mode, la poule couve sur la paille, il me tape pour rire, le bouc a une barbe sale, le monde a une forme ronde, il va boire du vin pur.

Supplément pour l'ancienne épellation.

har, her, hor, hir, ker, kir, quar, quer, ques, xal, xer, xor, yar, yor, yer.

Dix-huitième leçon.

eu ieu dieu lieu, on ion pion lion, é ié lié tié fié, u ui lui suif, ou oui joui, in oin soin foin, ou oué loué noué.

❁

Dieu soin juin loin lieu fui joui foin pieu pion lié lui loué joua joué.

❁

Le bon Dieu a soin de moi, il a fui le lion, un coin noir, un bon soin, il va loin, il a joué, la fin de juin, le cuir dur, loin de lui, le foin sèche, une tache de suif, une barbe de juif.

Supplément pour l'ancienne épellation.

hui, qui, qua, qué, quo, koi, yia, yion, xion.

Dix-neuvième leçon.

ra pra fra bra gra dra cra, cran crin cru cri, bra bru brun brou brin, fra frac froc fri frou, gra gro gri gran gron, li pli plu plan pla, leu bleu pleu pleur fleur, lou clou blou flou, ta sta sti stuc, pé spé spi spa.

❁

brin clou stuc flan fleur bleu crin brun cri pli frac cric-crac flic-flac bloc cran plu pleur.

un brin de blé, un bon clou, le poil brun, un bloc de stuc, le blé a crû, du crin bleu, une fleur blanche, une grande pluie, la foudre gronde, une planche de cuivre.

Vingtième leçon.

bon-bon,	char–bon,	bonbon,	charbon,
car–ton,	ton-du,	carton,	tondu,
du-pé,	pé–ché,	dupé,	péché,
ché-tif,	ré-tif,	chétif,	rétif,
mor-dre,	tor-dre,	mordre,	tordre,
dra-pé,	dra-gon,	drapé,	dragon,
gou-lu,	sa-lon,	goulu,	salon,
ta–lon,	ta–ble,	talon,	table,
bon–jour,	jour-nal,	bonjour,	journal,
a-voir,	sa-voir,	avoir,	savoir,
pou-voir,	pleu-voir,	pouvoir,	pleuvoir,
rou-lé,	fou-lé,	roulé,	foulé,
zé-lé,	ga-zé,	zélé,	gazé,
dor-mi,	mi-lieu,	dormi,	milieu,
mil-lion,	moi-tié,	million,	moitié,
é-tui,	mar-souin.	étui,	marsouin.

Vingt et unième leçon.

pa-pa ma-man ma-tin ma-tou ra-ton
gra–tin gra–din ron-din blon–din
bou-din bou–che bou–ché bou-chon
fan-chon man-chon tor-chon tor–tu
tor–du tor–dre mor–dre pon-dre
fon-dre ton-dre ton-du to-ton je-ton
co–ton bou–ton bou–lon bou–le
mou-le fou-le cou-le rou-le crou-le
trou-pe trou-é jou-é lou-é poin-te
cui-re moi-tié té–moin lui-re croi–re
vian-de cui-vre sui-vre a-dieu mi-lieu
ré-jou-i ca-mion é-tui fiè-re biè-re
gro–gnon plan-che bri–lle vri-lle
pou–tre flè–che on–cle on–gle
moin-dre meu-ble ar–bre frè–re
chè-vre trè-fle cri-ble siè-cle fiè-vre
broui-llon broui-lle trou-ble tri-ple
pro-pre sta-ble

Vingt-deuxième leçon.

papa maman matin matou raton gratin gradin rondin blondin boudin bouche bouché bouchon fanchon manchon torchon tortu tordu tordre mordre pondre fondre tondre tondu toton jeton coton bouton boulon boule moule foule coule roule croule troupe troué joué loué pointe cuire moitié témoin luire croire viande cuivre suivre adieu milieu réjoui camion étui fière bière grognon planche brille vrille poutre flèche oncle ongle moindre meuble arbre frère chèvre trèfle crible siècle fièvre brouillon brouille trouble triple propre stable.

Vingt-troisième leçon.

RÉCAPITULATION.

adieu maman, bonjour papa, de bon matin, boudin noir, grande bouche, flacon bouché, torchon sale, jeton doré, boule ronde, pointe fine, viande cuite, frère chéri.

il va me mordre, raton va me suivre, bouche le flacon, fanchon; mon frère a joué, le fripon triche, la boule roule, le joli meuble, la croupe du cheval, la lune brille, la poule va pondre, mon frère a la fièvre, un bouton de cuivre, l'arbre feuillu, on va le joindre, la mouche vole, le char roule, l'as de trèfle, il se trouble, un jupon de coton, un manchon de martre, une moitié de poire, il va pleuvoir, on va boire de la bière forte, mon frère sera témoin.

Vingt-quatrième leçon.

RÉCAPITULATION.

le brocheur broche, le piocheur pioche ; le moucheur mouche, le coucheur couche ; le sapeur sape, le tapeur tape ; le grogneur grogne, le rogneur rogne ; le railleur raille, le brailleur braille ; le tailleur rogne, le cochon grogne ; le voleur pille, la lune brille ; la boule roule, la lave coule, le mouton bêle, la vache vêle.

coupe la branche, lève la planche ; ouvre le tiroir, cache ton mouchoir ; tire le bouchon, porte le manchon ; soigne ton jardin, grille le boudin.

on sèche la toile, on lève le voile ; on taille la vigne, on tire la ligne ; on sonde le melon, on orne le salon ; on broche le livre, on dore le cuivre.

Vingt-cinquième leçon.

son oncle l'a grondé. – voilà mon bon ami. – un bon roi *est* béni *et* chéri. – on sonde un melon pour savoir s'il *est* bon. – on se lève le matin et l'on se couche le soir. – maman porte un manchon de martre. – il a plu toute la journée. – où *est* mon ballon, fanchon? il *est* sur le gazon. – mon frère *est* sorti de bon matin à cheval. – castor me lèche pour avoir du bonbon. – carle va avoir une grande boîte de carton. – fanfan a joué à la boule, *et* il a gagné son frère.

Vingt-sixième leçon.

papa lira le journal du soir. – adieu, ma tante, maman ira te voir.–réné a une montre de cuivre doré et un joli cordon de soie.–le suif a une odeur puante. – mon oncle va venir me voir. – l'ours martin monte à l'arbre. – maman coupe une tranche de melon pour moi. – je soigne mon jardin, pour offrir, le matin, une fleur à maman.

Supplément pour l'ancienne épellation.

huile, heure, quitté, question, moqué, moka, kiosque, style, axe, taxé, vexé.

Vingt-septième leçon.

a-mi-tié, a-mi-cal, a-mi-don, a-mi-ral. -é-cu-me, é-cu-mé, é-cu-lé. - a-veu-gle, a-veu-glé. - tri-bu-ne, tri-bu-nal. -é-pi-ne, é-pî-tre, pu-pî-tre. - sou-pi-ra, sou-pi-ré, sou-piè-re. - pro-pre, pro-pre-té. - pu-re-té, du-re-té. ou-bli-é, il ou-bli-a. - ché-ti-ve, ré-ti-ve.

a-mi-tié, a-veu-gle, é-pi-ne, sou-piè-re, sou-ve-nir, dé-ro-bé, dé-rou-te, pa-ra-sol, é-tour-di, é-pa-gneul, la-bou-reur, co-car-de, tra-vail-leur, par-che-min, va-car-me, dis-pu-te, fi-dè-le.

l'ac-ti-ve four-mi, le meu-ble u-ti-le, la sou-piè-re pro-fon-de, l'é-lè-ve é-tour-di, le jo-li é-pa-gneul, le la-bou-reur ac-tif, la mon-ta-gne é-nor-me, un a-ni-mal u-ti-le.

Vingt-huitième leçon.

amitié, amical, amidon, amiral. -écume, écumé, éculé. -aveugle, aveuglé. -tribune, tribunal. -épine, épître, pupître.-soupir, soupira, soupiré, soupière. -propre, propreté. -pureté, dureté. -oublié, il oublia. -chétive, rétive.

❧

amitié, aveugle, épine, soupière, souvenir, dérobé, déroute, parasol, étourdi, épagneul, laboureur, cocarde, travailleur, parchemin, vacarme, dispute, fidèle.

❧

l'active fourmi, le meuble utile, la soupière profonde, l'élève étourdi, le joli épagneul, le laboureur actif, la montagne énorme, un animal utile.

Vingt-neuvième leçon.

RÉCAPITULATION.

on va venir me prévenir, on monte la montagne, le cabri cabriole, le cheval du laboureur laboure, révère ton père, console ta mère, adore le créateur, révère un dieu créateur, dieu écoute ta prière, il gouverne le monde, soigne le malade, on ébranche l'arbuste, on découpe la volaille, le cheval redoute l'éperon, *et* la mouche la froidure, le chagrin altère la santé, le lapin dévaste le jardin, l'écureuil *est* un joli animal, la biche *est* un animal rapide, la poule *est* un animal bipède, le mouton *est* un animal stupide, la figure du sapajou *est* noire, la démarche du cheval *est* noble, la course du lièvre *est* rapide.

Trentième leçon.

RÉCAPITULATION.

le lama, animal du pérou, a une démarche grave; il transporte l'or de la mine; le jour il broute sur son chemin; et, le soir, il rumine; et, à la fin d'une marche fatigante, il se couche malgré son conducteur. l'écureuil se niche sur un arbre élevé, et sa petite demeure est à l'abri de la froidure. le castor, animal travailleur, élève sur la rivière une cabane propre et solide. toute la nature invite à bénir le créateur.

dieu écoute la prière du juste.

❦

voilà une épingle, ramasse-la. — fanfan, cherche mon manchon. — j'ignore où il est. — le voilà sur un canapé. — adieu, ma petite maman. — andré, où est ton livre? — maman, il *est* sur la table. — va lire un peu. — oui, maman.

Trente et unième leçon.

il est chevelu, sa che-ve-lu-re est rare ; on se promène à la pro-me-na-de ; il calcule comme un cal-cu-la-teur ; l'abeille est active, elle a une grande ac-ti-vi-té ; le caniche est fidèle, sa fi-dé-li-té est ad-mi-ra-ble ; cet animal é-pou-van-te, son cri est é-pou-van-ta-ble ; l'in-sti-tu-teur soi-gne son élève ; la morsure de l'aspic est re-dou-ta-ble ; cette veuve est in-con-so-la-ble ; votre demande est in-dis-crè-te ; sa conduite est sin-gu-liè-re ; l'in-tré-pi-di-té de cet animal est rare.

Trente-deuxième leçon.

RÉCAPITULATION GÉNÉRALE.

préfère l'utile à l'a-gré-a-ble, l'ad-mi-ra-ble structure du monde révèle un dieu créateur, sache prévenir la demande de l'in-for-tu-né, la fru-ga-li-té procure une santé robuste, l'é-tude a un charme infini pour l'é-lève animé du désir de s'instruire, la conduite d'un bon élève charme son in-sti-tu-teur.

Trente-troisième leçon.

cette jardinière cultive un joli jardin. l'ingratitude est indigne de pardon. sache tenir ta parole d'une manière inviolable. la promenade a fortifié ma santé délicate. inspiré par sa gratitude, le laboureur chante la bonté du créateur. l'ordre admirable de la nature me porte à bénir le créateur. le tigre est un animal redoutable, il inspire l'épouvante. admire l'ordre de la nature et adore le créateur, toute la nature proclame sa gloire. adore ton dieu *et* révère ton roi. montre-toi juste *et* bon.

Supplément pour l'ancienne épellation.

habile homme, hyène horrible, qualité re-mar-qua-ble, grande py-ra-mi-de, fistule la-cry-ma-le, verre convexe, élève examiné.

Trente-quatrième leçon.

a	*a*	a	A	*A*
b	*b*	b	B	*B*
c	*c*	c	C	*C*
d	*d*	d	D	*D*
e	*e*	e	E	*E*
f	*f*	f	F	*F*
g	*g*	g	G	*G*
i	*i*	i	I	*I*
j	*j*	j	J	*J*
l	*l*	l	L	*L*
m	*m*	m	M	*M*
n	*n*	n	N	*N*
o	*o*	o	O	*O*
p	*p*	p	P	*P*
r	*r*	r	R	*R*
s	*s*	s	S	*S*
t	*t*	t	T	*T*
u	*u*	u	U	*U*
v	*v*	v	V	*V*
z	*z*	z	Z	*Z*

Trente-cinquième leçon.

a u i d g b s r p	*ch, gn, ill, an, in, on,*
n l m z f j	*un, eu, ou, oi, e, é, è.*

Ami, Papa, Ma robe, Mon sac, Ton père. Voilà mon frère, Bonjour, mon ami. Bonsoir, maman. Mon oncle va venir. On va le voir. Le joli jardin. Voilà une charmante cabane. Le voleur se cache. La danse de l'ours est lourde. Soigne ton jardin. Cache ton mouchoir sale. Ne déchire pas ton livre. Le groin du cochon est sale. Le cri du coucou est monotone. Dieu a soin de moi, il écoute ma prière. L'aveugle a un caniche fidèle. Mon frère ira à la promenade. Dieu seul est immuable. Un lion est un animal redoutable. Adore ton créateur. Écoute ta mère. Forme ton caractère. Garde ta parole. Imite ton père. J'adore Dieu seul. Parle avec candeur. Réforme ton caractère.

Trente-sixième leçon.

Il est agréable de savoir lire. L'écriture est d'une grande utilité. Je désire savoir écrire. Par la prière élève ton âme à Dieu. Obéir à sa mère est un devoir sacré. La vérité sortira toujours de ma bouche. Ecoute l'ordre de ton père, et montre de l'ardeur à le suivre.

AMOUR DE LA VÉRITÉ. ÉGALITÉ DE CARACTÈRE. CHARMANTE FIGURE.

PROMENADE AGRÉABLE.

ADORE DIEU.

ÉCOUTE TA MÈRE. RÉVÈRE TON PÈRE.

SOIGNE TON LIVRE.

EXERCICE GÉNÉRAL *.

LA PETITE SOURIS.

Voilà une petite souri*s* qui cour*t* dan*s* la salle, et ne trouve pa*s* son trou. Le cha*t* va courir aprè*s* et la gobera san*s* pitié, pour son soupé.

LE PAPILLON.

Regarde, maman, ce joli papillon bleu, comme il vole sur le gazon fleuri; le voilà tout près de nous. Vite, donne-moi ton mouchoir, et il est pris.

LA SOURIS.

Julie a peur d'une souri*s*, même d'une souri*s* morte! c'est un peu so*t*; car une souri*s* ne peu*t* la mordre; ce petit animal est d'ailleur*s* si timide qu'il fui*t* tou*t* ce qui l'approche.

* Les lectures suivantes présentent quelques mots irréguliers qu'on aura soin de lire à l'enfant. On lui fera observer que les lettres différentes du caractère de la leçon, sont nulles pour la prononciation.

LE LIVRE.

Jules a obtenu de son papa un joli livre relié, et orné de charmantes gravures. Il le montre à tout le monde : Voilà, dit-il, le petit gourmand, l'étourdi, le boudeur, le poltron, le mutin, l'ignorant.

Le petit mouton.

VOIS, MON FRÈRE, DIT CHARLES A ANDRÉ, CE PETIT MOUTON; COMME IL EST BLANC ET JOLI! IL SUIT SA MÈRE PARTOUT, ET CETTE BONNE BREBIS NE S'ÉLOIGNE PAS DE LUI, NE L'ABANDONNE POINT, CAR IL EST TROP JEUNE POUR POURVOIR A SA NOURRITURE. N'AVONS-NOUS PAS DE MÊME NOTRE BONNE MÈRE?

LA MONTRE.

Antonin a une jolie petite montre d'or; il la tire à tout instant, la tourne et la retourne; il l'ouvre pour en voir le mécanisme; mais l'étourdi finira par la détruire, et sera tout sot et tout chagrin : alors son papa ne lui donnera plus de montre, on lui en achètera une de cuivre sans mécanisme.

LE DINER.

Fanchon est revenue du marché, et a acheté un gros chou, un melon, une poularde, un dindon et de la salade. Tout cela fera un bon dîner. Maman invitera mon oncle, ma tante, et nous irons tous à la promenade, où l'on achètera de jolis joujoux pour moi et pour mon frère.

LA PETITE GROGNON.

Adèle est une petite fille insupportable; le moindre reproche l'irrite, et toute la journée sa bon*n*e et son frère son*t* victime*s* de son caractère bizar*r*e et colère. Chacun la fui*t* com*m*e le feu, et cette petite méchante fille, abandon*n*ée de tou*t* le monde, se retire dans un coin, où elle pleure ou boude com*m*e une sot*t*e.

LE COCHON.

Voilà un cochon; écoute com*m*e il grogne; voi*s* com*m*e il fouille avec son sale groin. Si tu te sali*s*, si tu te roule*s* dan*s* la poussière, on dira que tu es un peti*t* cochon.

L'ÉCOLE.

Anatole va à l'école où il se conduit comme un charmant élève. Il est bon camarade, il ne grogne pas, il ne boude point, il travaille avec zèle, avec assiduité, et obéit sans murmure. Tout le monde le chérit et le regarde comme le modèle de sa classe.

LE JOUR DE L'AN.

C'est un bon jour que le jour de l'an! Maman m'a donné un sac de bonbons, du chocolat et une boîte de fruits confits; papa, une grande voiture, un cheval de bois et un canon de cuivre; ma tante, un sabre véritable; mon oncle, une grande comédie avec une troupe d'acteurs. C'est un bon jour que le jour de l'an!

LE MARCHAND DE JOUJOUX.

Maman, maman, dit un jour Fortuné étant à la promenade, voici un marchand de joujoux. Regarde ce drôle de pantin, ce grand polichinelle, ce joli sabre, ce petit moulin et ce violon. Vois donc la jolie comédie. Achète-la-moi, chère petite mère, et je t'assure que tu me trouveras toujours obéissant. — Le petit câlin! je doute fort qu'il garde sa parole.

LA FIN DU LIVRE.

Voilà mon livre fini! Suis-je très-savant pour cela?—Non, car je suis loin de pouvoir lire partout : je déchiffre peu de mots du journal de papa, et, si j'ouvre un livre de maman, je me trouve arrêté par la moitié des mots. Dois-je donc demeurer ignorant?—*Non, votre maman vous montrera à lire dans un livre où sont de jolis contes, et ce livre fini, toute lecture sera pour vous sans difficulté.*

OBSERVATIONS

SUR LES LEÇONS DE LA PREMIÈRE PARTIE.

OBSERVATION GÉNÉRALE.

Il ne faut passer à une nouvelle leçon que quand la précédente est bien sue.

Première leçon.

Quelle que soit l'épellation, on doit faire prononcer les lettres *a, è, é, e,* comme on les entend à la fin des mots *la, les, lé, le.*

C'est surtout une grande faute de faire dire pour È, é *accent grave* È; et pour É, *é accent aigu,* É.

Deuxième leçon.

Dans la nouvelle méthode, ces combinaisons de voyelles *ou, eu, an, in, on, un,* se prononcent sans épellation, en une seule émission de voix, comme à la fin de *pou, peu, pan, pin, pon, pun.*

Quant à la diphthongue *oi,* elle se prononce *oa.* Je l'ai mise ici, malgré l'irrégularité de son orthographe, parce que l'emploi en est très fréquent.

Quatrième leçon.

Ces consonnes, d'après la nouvelle épellation, se prononcent comme si elles étaient suivies d'un *e* muet très faible, ainsi qu'on les entend à la fin des mots ro*b*, ca*p*, vive, vi*f*, ru*m*.

L'épellation des syllabes suivantes se fait ainsi :

b^e, e, *be*, etc. ; b^e, on, *bon*, etc.

p^e, on, *pon*, etc. ; v^e, an, *van*, etc.

Cinquième leçon.

1° Ces consonnes, d'après la nouvelle épellation, se prononcent comme à la fin de ga*z*, a*s*, Davi*d*, ma*t*.

2° Dans tous les cas, il faudra soigneusement exercer les enfans sur les consonnes *b*, *d*, *p*, qu'ils sont portés à confondre.

3° Pour l'épellation de cette leçon, ainsi que des suivantes, on fera comme il est indiqué à la quatrième leçon.

Sixième leçon.

1° Dans la nouvelle épellation, ces consonnes se prononcent *j*^{e}, *ch*^{e} *l*^{e} *r*^{e} *n*^{e}, comme à la fin de ca*ge*, ca*che*, ca*l*, ca*r*, can*ne*.

2° Dans l'ancienne épellation on passera les deux consonnes *ch*, ainsi que les syllabes où elles se trouvent, pour y revenir après la huitième leçon.

Septième leçon.

1° Dans la nouvelle épellation, ces consonnes se prononcent comme à la fin des mots campa*gne*, pa*ille*, zi*g*-za*g*, sa*c*,

D'où le *g* et le *c* se prononcent *gue*, et *que*, et non *ge* et *ce*.

2° D'après l'ancienne épellation, le *g* et le *c* se prononcent *gé*, *cé*. Le *gn* et le *ill* ne seront point lus seuls, on ne les fera prononcer que dans l'épellation des mots.

Cette leçon, dans l'ancienne épellation, présente de grandes difficultés, sur lesquelles l'élève sera exercé à la page 22.

Huitième leçon.

On ne s'étonnera pas sans doute de ne point voir cet alphabet complet, si l'on se rappelle que cette première partie n'offre que la lecture régulière. Les lettres qui manquent appartiennent à la seconde partie ; et, pour l'ancienne épellation, on les trouve dans le supplément qui suit cette leçon.

Neuvième leçon.

Cette récapitulation est bien nécessaire pour faciliter à l'enfant la première épellation, et il faudra y revenir souvent.

Dixième leçon.

Même observation que ci-dessus.

Onzième leçon.

1° La plupart des enfans sont portés à placer avant la voyelle la consonne qui la suit, à dire, par exemple, a, b, *ba*, au lieu de *ab*, et ainsi de suite. On aura donc soin de les exercer beaucoup sur ces sortes de syllabes.

2° Cette leçon présente des dissyllabes, mais seulement terminés par un *e* muet.

3° L'enfant, après avoir épelé un certain nombre de syllabes, devra les lire sans épellation, ou du moins en épelant d'abord tout bas.

4° Ici l'on peut commencer un petit exercice d'orthographe, qui consiste à faire épeler de mémoire; on demandera, par exemple, à l'enfant, quelles lettres il y a dans:

1° *ba, da, ra, fi, co, mu,* etc.

2° *fou, cou, feu, soi, toi,* etc.

3° *sol, col, par, pour,* etc.

Pour l'épellation de *fou, cou, peu* et des syllabes analogues, l'enfant doit dire: fe, ou, fou; pe *eu, peu,* etc.

Dans l'ancienne épellation, on sépare toutes les lettres: f, o, u, *fou,* etc.

12e, 13e, 14e, 15e, 16e et 17e leçons.

Mêmes observations que ci-dessus.

Dans l'épellation de mémoire, on aura soin de faire compter les mots; par exemple: *la lune ronde,* trois mots: la, lune, ronde, etc.

Dix-huitième leçon.

On a réuni dans cette leçon les principales diphthongues, à la prononciation desquelles l'enfant arrive facilement en lisant d'abord un des sons dont elles se composent.

On fera épeler ainsi:

i, eu, *ieu;* — o, in, *oin;* — f, u, i, *fui;* — ou, i, *oui,* etc.

Dix-neuvième leçon.

Cette leçon présente quelques combinaisons de consonnes, dont la prononciation est facilitée comme on l'a fait ci-dessus pour les diphthongues.

L'enfant épellera ainsi:

p, r, a, *pra;* — g, r, on, *gron;* — f, r, o, c, *froc;* — f, l, eu, r, *fleur.*

20e, 21e et 22e leçons.

C'est ici que l'enfant commence à lire des syllabes ou des mots de deux syllabes, qui lui sont d'abord présentés avec des tirets, pour lui en faciliter l'épellation. Après avoir fait lire les mots avec les tirets, on passera aux autres, en recommandant à l'élève de compter les syllabes. Il dira, par exemple, *carton,* un mot, deux syllabes, *car, ton,* etc.

23e et 24e leçons.

Ces deux leçons sont des récapitulations des précédentes. On aura soin d'y insister, pour faciliter à l'élève la division des syllabes, l'épellation de mémoire et la lecture courante.

Vingt-cinquième leçon.

Cette leçon, ainsi que plusieurs des suivantes, renferme quelques mots irréguliers ; ils sont en italique, et devront être lus sans épellation, seulement d'après la prononciation du maître.

26e, 27e, 28e, 29e et 30e leçons.

Ces leçons comprennent les trissyllabes ou mots de trois syllabes qu'on fera séparer et épeler comme les précédens.

31e, 32e et 33e leçons.

Dans ces leçons se trouvent des mots de quatre syllabes, qu'on fera épeler ainsi : agréable; a;—g, r, é, *gré,* agré ; — a, agréa ; — b, l, e, *ble,* agréable. Cette observation s'applique à tous les polysyllabes.

34e, 35e et 36e leçons.

C'est seulement ici que l'enfant commence à connaître les majuscules et les lettres italiques. Les deux leçons suivantes présentent des exercices sur ces lettres. Pour faciliter encore plus la lecture de l'écriture, on trouvera quelques historiettes composées avec des caractères d'écriture anglaise.

Un exercice général, en différens caractères, termine cette première partie.

TABLE

DES MATIÈRES DE LA PREMIÈRE PARTIE.

ORTHOGRAPHE RÉGULIÈRE.

FIN DE LA TABLE DE LA PREMIÈRE PARTIE.

www.ingramcontent.com/pod-product-compliance
Ingram Content Group UK Ltd.
Pitfield, Milton Keynes, MK11 3LW, UK
UKHW022133260726
13993UKWH00003B/1412